ediciones**carena**

REPORTEROJESÚS

LOVEU

DIEZ JÓVENES ADEMÁS DEL CÁNCER

Primera edición: febrero de 2024

© Jesús Martínez, *ReporteroJesús,* 2024
WWW.REPORTEROJESUS.COM

© Ediciones Carena, 2024

Ediciones Carena
c/Alpens, 31-33
08014 Barcelona
T. 934 310 283
info@edicionescarena.com
WWW.EDICIONESCARENA.COM

Diseño de la cubierta: Natàlia Caro, Ariadna Macau Perálvarez
Maquetación: Raül Bellés
Ilustraciones de interior: Jesús Martínez

Agradecimiento a los miembros de AFANOC
Jose Moreno, Maite Golmayo Boada y Meritxell Busquets

Depósito legal: B 22606-2023

ISBN 978-84-19890-46-7

Impreso en España - Printed in Spain

A Antonio Martínez Úbeda.
A Manuel Rodríguez Ramos.

A Emilio Jiménez, fuerza y honor.
A Jesús Martínez Úbeda. Por todo.

Cáncer, esa palabra: se utiliza cuando se habla de supervivientes y se borra cuando se ha cobrado una vida.

«CÁNCER», DE ELVIRA LINDO

Solo es libre el corazón honesto que tiene su propia lógica y su razón.

MI VIDA, DE MARC CHAGALL

Siempre había tenido una vida secreta en su interior.

MARTIN EDEN, DE JACK LONDON

AFANOC

Eʟ ᴄᴀ̀ɴᴄᴇʀ ɪɴꜰᴀɴᴛɪʟ comprèn dels 0 als 18 anys i es considera que, a partir d'ales-hores, els adolescents ja passen a ser trac-tats com a adults.

A l'AFANOC distingim entre infants, adolescents i joves per poder atendre i gestionar l'impacte de la malaltia en les diferents franges d'edat i donar les respos-tes adequades segons el moment vital de l'individu, de manera personalitzada.

Un infant que està malalt encara no és conscient del que li està passant, i la dificultat d'assumir el diagnòstic és més gran pels progenitors que per ell, malgrat ser el fill qui pateix les inconveniències o les incomoditats que suposen les entrades i sortides de l'hospital i la dificultat dels tractaments.

Però, un adolescent és conscient plenament de què vol dir estar malalt i, sobretot, què significa la paraula *càncer*. A més, travessa per una de les etapes més difícils i complexes de la seva vida on es comença a configurar la pròpia personalitat. L'adolescència és una autèntica revolució, tant en l'àmbit hormonal, com neuronal i emocional. Els canvis se succeeixen de manera ràpida, sovint caòtica o no ordenada i resulten difícils de digerir, comprendre i assimilar. Tot el que passa en l'àmbit intern i extern es transforma.

Si a aquesta revolució li sumem una malaltia que posa en escac la vida, altera el futur immediat i canvia l'aspecte físic (just en un moment en què és especialment rellevant), la sacsejada interna que viu aquest jove fa que maduri de manera diferent i sovint abans d'hora. Els plantejaments sobre els estudis, la futura feina, la relació amb els amics, la parella, etc., canviaran i, en molts casos, xocaran de ple amb què es pensava amb anterioritat, i és molt probable que, quan es reprengui de nou la quotidianitat, costi d'encaixar amb l'antic món i les relacions anteriors atès que s'experimenta un abans i un després.

De sobte, aquest jove que va estar malalt s'adona que ara es troba més a gust amb aquells nois i aquelles noies desconeguts amb qui compartia les estones de quimioteràpia, els ingressos hospitalaris o les analítiques, que amb els col·legues de sempre. I se sent més comprès per aquests nous amics, si li ha quedat alguna seqüela, producte del tractament o la malaltia. És com trobar algú que parla el mateix idioma quan estàs en un país estranger.

Així, sorgeix de manera espontània i com a resposta natural a aquesta necessitat emocional, existencial i social, el Grup de Joves de l'AFANOC. Un grup d'iguals que es troba regularment per a dur a terme activitats i sortides. Sempre sota el paraigua de l'entitat, que els continua acompanyant en els seus processos vitals, ajudant-los a integrar, en la seva història de vida, l'experiència del càncer.

Aquest llibre que teniu a les mans, però, no vol parlar dels seus càncers, ni dels seus tractaments, ni de com ho van viure, però sí de com estan creixent com a individus i de com el càncer els ha portat a configurar una personalitat forta, que busca el seu lloc al món. Aquests nois i aquestes noies són tant interessants i divertits com complexos. Sí, com qualsevol altre jove, direu, però tots comparteixen quelcom molt especial.

I això és el que ReporteroJesús ha aconseguit que aflori en la sèrie d'entrevistes.

Entrevistes realitzades des de l'escolta profunda d'aquell qui deixa parlar sense interrompre i des d'un interès creixent per cada un d'ells i i cada una d'elles i les seves històries. Converses amb calma, sense presses, cuinades a foc lent.

El resultat és una lectura sorprenent, deliciosa, que no us deixarà indiferents.

MAITE GOLMAYO BOADA
Responsable de Comunicació,
Relacions Externes
i portaveu de l'AFANOC

El cáncer infantil comprende de 0 a 18 años y se considera que, a partir de entonces, los adolescentes ya pasan a ser tratados como adultos.

En AFANOC distinguimos entre niños, adolescentes y jóvenes para poder atender y gestionar el impacto de la enfermedad en las diferentes franjas de edad y dar las respuestas adecuadas según el momento vital del individuo, de forma personalizada.

Un niño que está enfermo aún no es consciente de lo que le está pasando, y la dificultad de asumir el diagnóstico es mayor para los progenitores que para él, a pesar de ser el hijo quien sufre las inconveniencias o incomodidades que suponen las entradas y salidas del hospital y la dificultad de los tratamientos.

Sin embargo, un adolescente es plenamente consciente de qué significa estar enfermo y, sobre todo, qué significa la palabra *cáncer*. Además, atraviesa por una de las etapas más difíciles y complejas de su vida en la que se empieza a configurar la propia personalidad. La adolescencia es una auténtica revolución, tanto a nivel hormonal, como neuronal y emocional. Los cambios se suceden de forma rápida, a menudo caótica o no ordenada, y resultan difíciles de digerir, comprender y asimilar. Todo lo que ocurre en el ámbito interno y externo se transforma.

Si a esta revolución le sumamos una enfermedad que pone en jaque la vida, altera el futuro inmediato y cambia el aspecto físico (justo en un momento que es especialmente relevante), la sacudida interna que vive este joven hace que madure de forma diferente y a menudo antes de tiempo. Los planteamientos sobre los estudios, el futuro trabajo, la relación con los amigos, la pareja, etc., cambiarán y, en muchos casos, chocarán de lleno con lo que se pensaba con anterioridad, y es muy probable que, cuando se reanude de nuevo la cotidianidad, cueste encajar en el antiguo mundo y las relaciones anteriores dado que se experimenta un antes y un después.

De repente, este joven que estuvo enfermo se da cuenta de que ahora se encuentra más a gusto con esos chicos y esas chicas desconocidos con los que compartía los ratos de quimioterapia, los ingresos hospitalarios o las analíticas, que con los colegas de siempre. Y se siente más comprendido por estos nuevos amigos, si le ha quedado alguna secuela, producto del tratamiento o la enfermedad. Es como encontrar a alguien que habla el mismo idioma cuando estás en un país extranjero.

Así, surge de forma espontánea y como respuesta natural a esta necesidad emocional, existencial y social, el Grupo de Jóvenes de AFANOC. Un grupo de iguales que se encuentra regularmente para realizar actividades y salidas. Siempre bajo el paraguas de la entidad, que les sigue acompañando en sus procesos vitales, ayudándoles a integrar, en su historia de vida, la experiencia del cáncer.

Sin embargo, este libro que tenéis en las manos no quiere hablar de sus cánceres, ni de sus tratamientos, ni de cómo lo vivieron, pero sí de cómo están creciendo como individuos y de cómo el cáncer les ha llevado a configurar una personalidad fuerte, que busca su sitio en el mundo. Estos chicos y estas chicas son tan interesantes y divertidos como complejos. Sí, como cualquier otro joven, diréis, pero todos comparten algo muy especial.

Y eso es lo que ReporteroJesús ha logrado que aflore en la serie de entrevistas.

Entrevistas realizadas desde la escucha profunda de quien deja hablar sin interrumpir y con un interés creciente por cada uno de ellos y cada una de ellas y sus historias. Conversaciones con calma, sin prisas, cocinadas a fuego lento.

El resultado es una lectura sorprendente, deliciosa, que no os dejará indiferentes.

Maite Golmayo Boada
Responsable de Comunicación,
Relaciones Externas
y portavoz de AFANOC

IDENTIDADES

Las narraciones incluidas en esta colección no son lineales, no se preocupan ni de los comienzos ni de los finales. Dejan que hablen los chicos con cáncer, apuntando de modo personal y directo sus identidades y su humanidad. Se describen las patologías respectivas, pero no se definen por ellas, sino que estas forman parte del ser complejo de cada individuo; cada vida particular se comparte aquí.

Al leer estos capítulos de vidas precarias —verdadero corte transversal de la juventud barcelonesa— se comprende y se valora a un grupo con intereses, sueños y pasado.

Justin Berner
Berkeley Center for New Media
University of California

CÁNCER

EL CÁNCER DA miedo. Echa para atrás. Ni los lectores ni Pompeu Fabra ni la Direcció General de Política Lingüística escogerían *cáncer* como la palabra más bonita del año, una de las @catalanwords como *tendresa* i *xiuxiuejar*. Pero los chicos y las chicas que padecen cáncer, que han padecido cáncer o que padecerán cáncer, y los chicos y las chicas que ya tienen la edad suficiente para renegar de TikTok, han moldeado esta palabra para limar sus aristas. Ellos han conseguido normalizar la situación desagradable con la que conviven, de tal manera que cáncer ya no es La Palabra, sino una más de entre sus palabras.

Estiu, trencaclosques, lletraferit. Capvespre, papallona, petó. Aixopluc, dolç, melic. Y *blood & water.* Y *estar living.* Y el rapero Nach («Debería decirle a la gente que

encuentre / que el miedo y la duda enve-
jecen»).

Los chavales de AFANOC hablan de
sus miedos, y de la música, de la religión,
de la profesión, del *bulling,* de la moda, del
deporte y de la sexualidad.

Que nadie cuente por ellos lo que ellos
sienten.

Que lo cuenten ellos.

ReporteroJesús se acerca a los años más
decisivos de las personas. Estos jóvenes ya
están preparados para abrirse paso. Hace
años que caminan juntos la senda, apre-
tando.

Los arquetipos, en semiótica, remiten a los modelos simbólicos: el héroe, las historias de héroes que alcanzan sus sueños, los Ulises que nos han fascinado desde la antigüedad griega. Los MediaLab han analizado los gustos de los jóvenes y han llegado a la conclusión de que los diez temas que les interesan son los siguientes: música, profesión, religión, solidaridad, moda, amor, deportes, series, tecnología y arte.

MÚSICA

ALI

«ALGUNOS VINIERON AQUÍ hambrientos de fama.»

La canción *295* del rapero punjabí Sidhu Moose Wala denuncia el código penal indio, por el que uno acaba en la cárcel si profana los lugares sagrados.

Para los intransigentes, los estribillos del rap pueden llegar a ser picas clavadas en la religión (en inglés, *rap* significa crítica severa).

Al mejor artista y *hiphopero* que ha dado la India le asesinaron el 29 de mayo del 2022. Uno de sus sencillos se titula *Outlaw* (forajido).

«Me gustan mucho las letras de Sidhu Moose Wala, es un cantante de palabras reales.»

Así opina otra rapera con la vocecita aguda de Mariah Carey *(Hero)* y Aitana *(Vas a quedarte)*. Se llama Khadija Hussain (Sialkot, Pakistán, 2007), pero todos la llaman Ali.

Pajarito, coqueta, insufrible, desenvuelta, escarlata, sagitaria, posdata, ecofriendly.

Veamos.

Ali come como un *pajarito,* un pichón cariñoso; se echa el pelo a un lado como una Coco Chanel, con mucho estilo, a lo *garçon, coqueta, insufrible;* se *desenvuelve* bien en el Raval de calles estrechas y en las empinadas cuestas de Horta, donde vive por mediación de la Fundació Habitatge3 *(«Habitatge per a la inclusió social»);* la fortaleza de *Scarlett* O'Hara; *sagitario:* cumple el 18 de diciembre; escritora de cartas con consejos y *posdatas,* y supermoderna y *fashion: smart, clever* y eso que pone en los platos biodegradables: *ecofriendly.*

«Me gusta bailar, y lo hago sola porque en el islam no se puede bailar delante de alguien. En la habitación me gusta moverme a mi aire, improviso con los temas y los hago míos. Cantar me relaja mucho. Me pongo mis preferencias en Youtube.»

Hija de Shagufta («mi mamá», *housewife)* y de Akhtar («mi papá», pintor de brocha gorda), Ali habla por los codos, por los pies y por la boca. Ella dice cosas interesantes, refranes inventados, frases motivadoras, como una grafitera de postales, una Banksy de 15 añitos.

Dice: «Aprende a vivir en todos los colores».

En el 2009 la familia se instaló en Barcelona. El padre se fue a trabajar a Omán, en la península arábiga, y después de diez años de un sol intenso y resacoso, se vino a España para seguir blanqueando las paredes de la familia.

Ali tiene dos hermanas: Amina y Aqsa, sus alas. Ella es la pequeña, y a ella se le concederán todos los deseos: querría ir al cine; querría ir a un concierto de Rosalía y hacer *tratrá,* aunque sea malamente *(Con altura);* querría beberse al actor Juan Luis Londoño, *Maluma (Sobrio),* y querría imaginarse como Benito Antonio Martínez, *Bad Bunny (Bellacoso).* Y querría emular a la diva del reguetón, Rebbeca Marie, *Becky G (Shower)*. Y querría pintarse de azul las uñas, pintarse el color azul royal en la nuca de altozanos, en el filo de su cabello negro como un caballo negro.

Querría tragarse las noches y disolverlas en el café como los azucarillos Tupinamba del 365, que no es *295*. Acelerarse y alargar el fin de semana hasta la semana entera con su mantita de cuadros («de árbol de vida»), delante de una serie de Netflix o de cualquier otra plataforma de pago. Y esa serie podría ser *Qalandar,* en urdu, la historia de una chica que cree en Dios. Adora a la actriz Komal Meer.

Ali, musulmana, reza a su manera, a su modo, con caricias. Se dirige a Dios cuando da vueltas mientras escucha a Antón Álvarez, *C. Tangana (Llorando en la limo)*.

Ahora, Ali estudia tercero de ESO en el colegio Sagrada Família-Horta, en el distrito de Horta-Guinardó. La cuidan su monitoras, Elisa, Natalia y Chelo, y el hermano Gabriel, y sus compañeros de clase la echan de menos, la extrañan y la tienen muy presente si es que Ali no asiste a cualesquiera de las asignaturas que estudia con talento.

Dice: «La vida está llena de alegrías y el ánimo y el positivismo lo pones tú».

Tose y se toma un caramelo de mentol.

Querría ser abogada por los derechos de los niños, mucho mejor que la *celebrity* Amal Clooney. Se defiende: «Los padres miran los tiempos pasados y no están por los niños».

Otra frase motivadora de Khadija Hussain, *Ali:*
«Celebra cada pequeño logro, ya que solo tú sabes lo que te costó alcanzarlo».

Parte médico de Ali

Sarcoma de Ewing. Le han hecho una escapulectomía, con recaída en el pulmón derecho, en situación «paliativa», en silla de ruedas. Los viernes va a quimio, los jueves se hace análisis de sangre y el resto de la semana se toma pastillas. (Añadido: segunda recaída en húmero, cráneo y pulmones.)

Parte extraoficial

Tiene una ligera inclinación por el *rock,* presenta traumatismo por el cambio climático y la mentira. Se observa que Ali, la chica de las frases que motivan, pronto será la primera abogada cantante que baila, La Reina del Pop, con permiso de Madonna.

PROFESIÓN

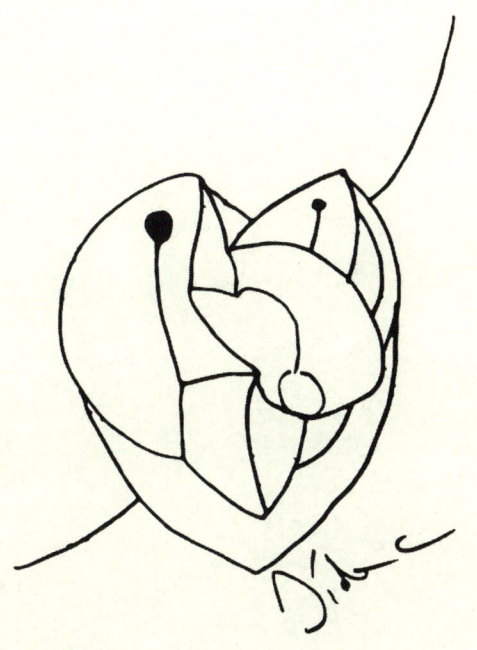

DÍDAC

Asombrosas podrían ser las coinciden-
cias entre el director de cine George Lucas
(Star Wars) y la joven promesa de las cá-
maras *powerzoom* Dídac Bautista Torguet
(Barcelona, 2007). A los dos les gusta
leer, y más que una afición la lectura se
traspone como formación, la necesidad
básica de alimentarse y de aprender: en
el caso de George Lucas, el padre de la
productora Lucasfilm, cómics como *Flash
Gordon;* en el caso de Dídac Bautista, el
Cuento de Navidad, de Charles Dickens.
A los dos les gustan los refrescos: en el
caso de George, la cocacola; en el caso de
Dídac, el cacaolat. Y a los dos les encanta la
creatividad, «el azar, la risa, el sentimiento
y la contradicción», como lo definió el di-

rector Luis Buñuel: el primero, filmando películas de aventuras que sobrepasan los límites de la irrealidad *(Indiana Jones y el reino de la calavera de cristal);* el segundo, ideando panecillos de historias de héroes y heroínas que se intercambian los papeles, gente corriente que, un día, se da cuenta del milagro de la vida.

Dídac Bautista Torguet viste vaqueros índigos y una sudadera de color adolescente, y se lleva la mano a la gorra de pana que le da un toque a lo Norman Rockwell en el París de los besos, la bohemia y las alianzas o hermandades. Quiere ser director de cine, un artista colgado a la Rolleiflex para retratar cosas grandes. Aunque aún no sabe que ya sabe qué quiere ser: «Me siento fascinado por el cine. Hice un curso en la Escola Superior de Cinema i Audiovisuals de Catalunya. Me gusta mucho la saga de *La guerra de las galaxias,* de George Lucas, y también me gusta [Steven] Spielberg. Y *Leyendas de pasión,* con Brad Pitt. Pero quién sabe a lo que me dedicaré…».

No es difícil adivinarlo, porque a pesar de que ahora estudia cuarto de ESO en el instituto La Sagrera Sant Andreu, la suma de sus habilidades es una suma de probabilidades, una operación aristotélica: lee (además del *Cuento de Navidad,* la obra de Jane Austen, «quiero ver cómo escriben otros; yo describo mis momentos íntimos de manera más poética»)+escribe (autor del cómic sobre una superheroína que se enfrenta a sus miedos y autor del libro *La vida fantàstica. Lliçons de vida d'un nen amb somnis,* sobre los «sentimientos cotidianos»: «valorar cada instante»)+dibuja (lápiz y tinta, asiste a clases en la escuela de artes visuales Joso)…

Lee+escribe+dibuja.

«Tengo en la cabeza el argumento de una peli que podría ser de animación como si fuese *El rey león:* un chico que está en el hospital y otro chico que no está enfermo y que hace lo que le da la gana. De repente, ocurre algo que hace que el primero esté en la calle y el segundo, ingresado. La idea es transmitir que todo puede suceder», se explica, carraspea, sonríe como una guitarra eléctrica y se le iluminan las pecas.

A la espera de que Hollywood le llame, Dídac hace lo que los chicos de su edad hacen: escucha a Ed Sheeran *(Shape of you),* anima a su equipo (Chelsea Football Club), usa el móvil (pero no las redes sociales: «No quiero perder mi tiempo mirando la pantalla»), se enamora (perdidamente de una chica), juega con sus hermanos (Pol y Biel, con quienes comparte una «habitación básica» en un piso del distrito de Sant Martí, en Barcelona), se va de colonias (julio), odia las mates (optativas: Latín, Francés y Plástica) y medita en algo trascendental que puede ser la guerra («la Unión Europea debe ayudar mucho más a Ucrania»), la sociedad de consumo («la gente lo quiere todo sin pensar que ya tiene lo suficiente»), las desigualdades («el mundo ha de mejorar») y la política o el circo mediático en el que la política se ha convertido o el sentido metafísico de lo que a todos nos concierne («se debería llegar a más acuerdos a pesar de las distancias entre unos y otros»).

Como a George Lucas, le atrae la ciencia ficción. Como George Lucas, la paciencia la pone al servicio de la imaginación: mentalmente enlaza posibles tomas, y eso que todavía no ha rodado en alta definición. Como George Lucas, persevera.

Reportero Jesús.—¿Si tuvieras una varita mágica cambiarías tu vida?

Dídac Bautista.—Volvería a repetirla, todo. Aunque por las circunstancias sea una vida difícil, es una buena vida.

RJ.—¿Si pudieras ser otra cosa además de cineasta?

D. B.—Si el día de mañana los médicos me colocan una prótesis de cadera, querría jugar al fútbol americano.

Quarterback.

Parte médico de Dídac

Leucemia linfoblástica aguda. Le hicieron un trasplante de sangre del cordón umbilical. Recayó. Le sometieron al ensayo clínico «CAR-T 19». Recayó. Le hicieron un trasplante de médula ósea. Las «heridas de guerra» le cubren el cuerpo.

Parte extraoficial

Presenta cualidades excepcionales para atravesar agujeros de gusano, como el actor Matthew McConaughey en *Interstellar*. Evoluciona favorablemente gracias, entre otros, a su madre, maestra, y a su padre, «diseñador de luz». Su cuadro clínico tiene color azul, que relaciona con la tranquilidad. «La vida me ha hecho madurar un poco más deprisa.»

RELIGIÓN

FATOU

COSAS PEQUEÑITAS

«Recuérdame y yo te recordaré.»

El verso número 152 de la segunda sura del Corán es una petición expresa a la fidelidad. Viene a decir que si no abandonas a Dios, él nunca te dejará solo porque nunca se olvida de nosotros. Los incrédulos verán sin ver.

Es la aleya que más le gusta a Fatoumata Gakou (Bakadaji, Gambia, 2003), futura enfermera de pediatría que se ha propuesto un reto: aprenderse de memoria las cerca de quinientas páginas de su Corán de colorines. «Voy por la página cincuenta. Yo creo que en cinco años lo habré conseguido.»

Para Fatou, como le gusta que la llamen, el islam es el pilar que la sostiene: «Me transmite paz». De formas triangulares y cristalinas, vestida con una abaya rosada y con el hiyab granate que le recorta el semblante de nuez («no soy lo que ven en mi cuerpo, soy lo que hay detrás de él»), Fatoumata lee cada día durante una hora algún pasaje de las 114 suras del libro sagrado de los musulmanes.

Ha trazado bien el camino que quiere recorrer, y cómo hacerlo, qué pasos dar y con quién compartir sus silencios.

Por eso no duda al contestar, porque dudar de la fe es pecado:

Reportero Jesús.—¿Qué le pides a Dios?

Fatoumata Gakou.—Pido por todo el mundo, que cuide a todos los enfermos, que proteja a mi familia, que me ponga firme en su camino.

RJ.—¿Irás al cielo?

F. G.—Según lo que hagas en esta vida, ahora, podrás entrar en el cielo, la *jannah*.

RJ.—¿Le tienes miedo a la muerte?

F. G.—Temo no haber complacido a mi Creador.

Leídas, parece que las respuestas provengan de una persona seria, formal, apegada a la tradición. Nada más lejos. Fatoumata las pronuncia mientras carcajea, con los dedos pegados a la pantalla del móvil y comiéndose un minicruasán de chocolate en una cafetería *(«Good vibes only»)*.

RJ.—¿Qué es la Tierra?

F. G.—Un lugar en el que estamos de manera pasajera, un lugar para hacer el bien.

RJ.—¿Qué es el bien?

F. G.—Cosas pequeñitas. Estar en el metro y levantarte para que se siente un abuelito.

Los padres de Fatou, de la etnia mandinga, rezan cada día, sienten la presencia de un espíritu bueno. Les consuela.

El padre, Lamin, trabaja en una empresa de hiladuras en Lliçà de Vall (Barcelona), adonde llegó en el 2008 después de un viaje demasiado largo: andando, atravesó Senegal y el desierto de Mauritania, subió a bordo de un cayuco en Marruecos, alcanzó la costa canaria al cabo de tres fatídicos días, le internaron en un CIE, se escapó y recaló en la Península, donde malvivió con empleos de diversa índole.

La madre, Nenadinding, limpia fábricas. En el 2009, atendió la llamada del marido, asentado ya en Cataluña.

Se trajo a la niña de sus ojos, Fatou.

«Yo pensaba que en Europa no había arena, y cuando vi la playa me dije: ¿cómo puede ser?»

Fatou no cree en los horóscopos (cumple el 10 de marzo). Cree en una fuerza superior, inconmensurable, que la guía y la levanta y la dota de energía: formada como auxiliar de Enfermería, está terminando el grado superior de prótesis dental y practica inglés con su amiga sudanesa, Ayah.

Le interesa el ámbito sanitario.

Se explica: «Me he pasado media vida en los hospitales. Cada semana, me internaban. Por eso quiero ayudar a los demás».

Fatou tiene bajadas y subidas de tensión, que son bajadas y subidas de fe.

Antes escuchaba música, pero ahora cree que es algo demoniaco.

Reza cinco veces por día (se pone el despertador para levantarse a las seis de la mañana).

Ahorra para ir a La Meca: «Vale un pastizal, pero quizá pueda ir en plan *low cost*».

Asiste a las charlas del Centre Cultural Islàmic Català, en el barrio de El Clot, en Barcelona.

«Antes me martirizaba: por qué me pasa esto a mí si siempre me porto bien. Ahora entiendo que todo es una prueba, y una oportunidad para la expiación. Todo esto me llevará a un hermoso destino.»

Parte médico de Fatou

Drepanocitosis o anemia de células falciformes. Básicamente, que los glóbulos rojos adquieren la forma de una media luna extraña, y esto provoca crisis vasooclusivas, mucho dolor. Enfermedad de origen hereditario por la cual continuamente se le tienen que realizar transfusiones de sangre y dar chutes de morfina. En el 2016 le hicieron un trasplante de médula; el donante fue su hermano Youspha.

Parte extraoficial

Modesta, recatada la mirada, furibunda cuando llega al límite, compasiva hasta el extremo y de buenos modales. Se reafirma en su identidad, creyente, visitadora, maternal. Le gustaría tener muchos niños, y el candidato para ello «deberá estar a la altura».

SOLIDARIDAD

IRENE

CRUCIGRAMA MINE

«Sostenir el pes del Jo –nom, sexe, classe, bijuteria– fins caure melodramàticament: descubrir-me l'anonimat...»

La poeta Juana Dolores deslumbra porque le salen cuuuuuuuuuutes por la boca, algo sin etiquetar aunque sea ciberpunk. (Traducido *quiuuuuuuuuuuuts* por este reportero, lindezas.)

La autora de *Rèquiem català. I si una nació desfilant per una catifa vermella* no conoce a Irene Maeztu, a la que podríamos definir así: superenrollada, superequisdé, superbro, hiperpositiva, hiperpana, hipertop, ultradivertida, ultralol, ultraida, megacurrante, megafachera, megaloka, topeesplendorosa, topeliving y topefandom.

Irene se refiere a sí misma de esta otra manera, más llana: «Soy bastante simple, un poco la rarita, un poco friki. Me gusta Marvel y hacer el gilipollas por ahí. No me importa mucho lo material. Me gusta socializar, pero a la vez quiero tener mi espacio». Ella no dice «tener mi espacio», sino que dice: «Pirarme». Crucigrama:

Irene Maeztu es bien, Viuda [1 horizontal: bola 8, cinco letras].

Enfermera de la planta de oncología del hospital maternoinfantil Sant Joan de Déu, se le dan bien los niños, sobre todo los niños de 3 a 18 años, «los mayores son adorables también».

Su secreto, supermisterioso, hiperperdido, ultraeterno, megaplanetario, topepeligroso: «He estado con niños siempre. Empecé trabajando como canguro, luego di clases particulares y luego hacía de voluntaria en el casal de mi cole. A los niños no se les ha de tratar como si fueran tontos, sino como personas normales».

¿Cómo son los niños pacientes de oncología?

Cratch: espirales, físicos, pompeyos.

Irene dice esto: «Hay varias fases. Los hay que vienen por tratamiento y ya saben lo que les espera. Los más pequeños están asustados, no te hablan, pero luego están cómodos. Los peques juegan igual, aunque sea en sitios extraños. Algunos no saben lo que tienen».

Superconga, hiperboque, ultraflama, megaestrímer, tope [2 vertical: Dulceida, diez letras].

Irene nació en Barcelona, en el 2000. Tiene la risa navarra de las danzas folclóricas, y tiene raíces en Asturias y en Andalucía, su agua toca las costas de cualquier tierra.

Se licenció en Enfermería por la Universitat de Barcelona: «Siento que le debo algo a alguien».

Ahora está estudiando el posgrado de Cuidados Intensivos Pediátricos. En un futuro, le tienta la psicología infantil.

Le gusta dibujar, le gusta dibujar animales y exploraciones y seres animados, de [3 horizontal: en el bosque de Tallac, once letras] a *Sargento Keroro,* «me arregla la cabeza».

Supergueímer, hiperflipe, ultraerreté, megasein, toperándom.

En su día, hizo un réset. Por eso no le hace mucha gracia hablar del *bullying* que padeció.

Réset *La isla de las tentaciones.*
«En la ESO, con 14 años, me hicieron *bullying,* me insultaban los más graciositos. Fui al psicólogo de Sant Joan de Déu. Empecé a hacer amigos en AFANOC. Antes escondía mi personalidad porque esta gente no me dejaba expandirme. Antes me guardaba muchas cosas que pensaba. Antes no hacía según qué cosas por convicción social; estar todo el rato con el móvil o hablando de compras, que es lo que hacían algunos, para mí era un muermo.»

Réset Komsomol.
«En cuarto de primaria estuve dos semanas ingresada y solo me vino a ver la madre de una compañera de clase. Vino la madre, no la compañera. Yo tenía ocho años.»

Réset Xanadú.

«Me quedaba sentada en el patio y no venía nadie. Mi alma no daba para más, me sentaba en un banquito para ver correr a los niños.»

Réset Tuitch.

«No me invitaban a jugar. Pero cuando otros jugaban al fútbol, yo me acoplaba. Era el jit del patio.»

Réset Efe.

Cuando lo contó todo, su madre se puso a llorar y su padre le aconsejó que se defendiera.

Suda.

Hoy su ejemplo sirve para que otros no pasen por lo mismo.

«Si un niño le chincha a otro, voy.»

Supercunde, hiperrenta, ultrachana, megapró, topeliteral.

Ella confía en los demás, aunque no hay mucha humanidad en este mundo.

Y confía en sí misma.

Hace la compra con su madre.

Para estudiar anda por la casa.

Se pone zapatos de plataforma.

Regla para su futura pareja: «Quien esté conmigo tiene que ser como es y respetarme a mí como soy. Si te juntas con alguien es porque hay una conexión».

Glosario #IreneMaeztu:

Feliz: «Más feliz que una perdiz»

Viejo: «Más antigua que la [4 vertical: baile de búmers, cinco letras]»

Verde: «Mi color favorito, me recuerda el pueblo, mi abuelo»

Elecciones: «No fui a votar, no me gustaba nadie»

Dios: «Estoy segura de que hay algo o alguien»

Frases © IreneMaeztu:

«Me gusta ir a sitios donde Cristo perdió la alpargata»

«De pequeña quería ser pastelera, luego me diagnosticaron alergia al huevo y entonces hago pasteles sin huevo, que están muy ricos»

«La gente con cargos es [5 horizontal: jéiter, seis letras]»

Sigue a @IreneMaeztu:

Vio *Super Mario Bros: la película.*
Tenía un diario de esos de «escríbeme y destrúyeme».

Cosas importantes para ella: pelota de béisbol; entradas al Circuit de Barcelona-Catalunya, en Montmeló; palitos marca Haribo; [6 vertical: en francés, siervo leal, seis letras] y Tortugas Ninja.

Cosas no importantes para ella: la estupidez y la insidia.

Suma conceptos, palabras, imágenes.
La podríamos definir así: wellingtoniana, por la bravura del Duque de Wellington; máxima, por las ametralladoras; bethuniana, por el coraje de la leyenda médica canadiense, Norman Bethune; *Lait ap,* por la canción de Harry Styles; panty, por el anuncio de Marie Claire; popsóquet, por el agarre de móvil emergente láser; zeta, por Pley Zeta; *Superirene!,* por el tema del grupo Pitstop Boys; cinemascope, por las pantallas de cine; de serie, por las máquinas, y gráfica, por las tarjetas.

Ni Juana Dolores ni [9 horizontal: malamente, siete letras] ni Amy Winehouse. Irene Maeztu.

1 horizontal: negra. 2 vertical: influencer. 3 horizontal: Jackie y Nuca. 4 vertical: polka. 5 horizontal: odiosa. 6 vertical: Minion. 7 horizontal: Ana Mena. 8 vertical: Bollycao. 9 horizontal: Rosalía

Parte médico de Irene

Tumor cerebral, el llamado «tumor de hipófisis», que conlleva pérdida de visión y cefaleas. Se lo detectaron cuando tenía cinco años, junto con la patología de la diabetes insípida. Su curva de crecimiento, tres puntos por debajo de lo normal. La operaron con ocho años, y durante seis meses se sometió a radioterapia. Paciente crónica, medicación de por vida. Diez pastillas diarias: tres por la mañana, dos por la tarde, cinco por la noche. Resonancias magnéticas y controles periódicos con endocrinos, reumatólogos, neurólogos, oftalmólogos y otorrinos. Sensación de cansancio, osteoporosis y alopecia.

Parte extraoficial

Le gusta bailar, incluso algo de Kpop, los coreanos (BTS), incluso en pista, pero…: «Cuando me pego a mucha gente siento que estoy en las rebajas». Por eso dosifica sus visitas a la sala Razzmatazz. Cuando no baila el reguetón baila zumba con Daddy Yankee. Le gusta la música, de Haydn a [7 horizontal: *A un paso de la luna,* siete letras]. Le gustaría haber tenido algún hermanito. Le gustaría tener un perro. Le gustaría viajar de enero a diciembre. (De un anuncio en la prensa: «Dame playas doradas y noches estrelladas».) Una vez fue a Boston y las azafatas del vuelo le ayudaron a que la medicina no se calentara: «Me iban trayendo cubitos de hielo». Le gustaría ir a Albania. Estudiante, se ve como una hormiguita que cada día se afana con vistas a un superverano: supermood, hipermiclipaticli, ultraciclao, mega [8 vertical: de Panrico, ocho letras], topemolona. Tira con arco. Le gustan los crucigramas. Lo que quiere es estar bien. Y se encoge de hombros, en plan Confucio, que también era Kpop: «Lo que tenga que ser, será. Haces lo que puedes cuando puedes, y si te da, te da, y si no te da, pues no te da».

En casa la llaman Mine.

MODA

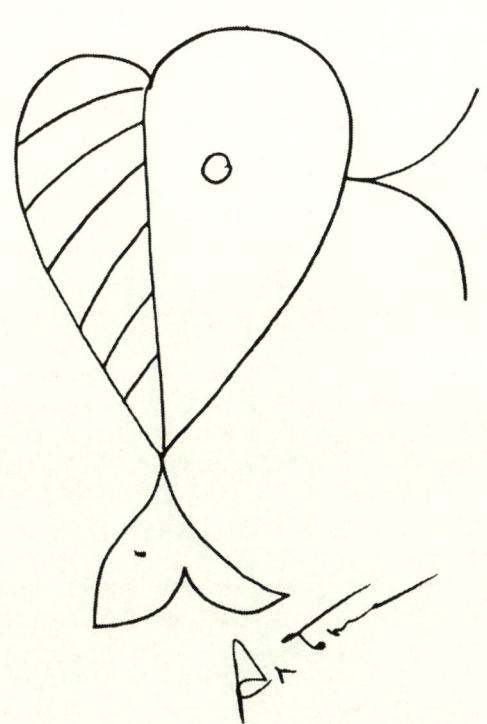

ANTONIA

RETOUCH BEAUTY

La cantante Selena Gómez *(For You)* creó su personal línea de maquillaje, Rare Beauty, con paletas de sombra de ojos que incluyen una amplia variedad de rosados.

La actriz Jennifer Aniston *(The Break-Up)* lanzó la línea de belleza LolaVie, destinada al cuidado del cabello.

La dietista Antonia Castillo (Valparaíso, Chile, 2002) fantasea con una gama para «retocar» las caras de las amigas y dejarlas más guapas de lo que ya están.

Puntualización 1: la idea se la da este reportero, porque ve en ella el estilismo de Madonna (MDNA SKIN), la distinción de Victoria Beckham (Victoria Beckham Beauty) y la frescura de Miley Cyrus (Viva Glam).

Antonia Castillo es una veinteañera de El Prat de Llobregat (Barcelona) que crea tendencias. Atención los Vuitton, los Dior y los Saint Laurent. Ahí va:

· 65 kilos /
· 1,54 metros /
· lleva el pelo recogido en una pinza arábiga, color habano; pelo negro salvaje, recto y liso. «Estaba en jaleo con mi peinado, aunque es precioso y se hacen ondulaciones. Me cansé de tanto pelo, era tan largo que a veces me sentaba encima de él. Así que me lo corté. Fui a una peluquería en la que se dona el cabello –con el que se hacen pelucas para niños con cáncer– y le dije: "Corte por aquí", a la altura de los hombros. Y me rapé la nuca /
· cejas gorditas /
· pintalabios hidratante de cacao /
· corrector de ojeras /
· las uñas pintadas con semipermanente, de color lila malva clarito (Puntualización 2: este reportero se entera de que existen uñas postizas cuando Antonia subraya: «Son mías, ¿eh?») /
· *eyeliner* líquido con aplicador de pincel flexible /

· colorete líquido naranja /

· *piercings* de titanio en el tragus de la oreja /

· pendientes de oro /

· vestido negro noche de una sola pieza comprado en la cadena Primark *(«Somos Primark»),* símil de comida rápida: *«Low cost fast fashion»* (moda barata superasequible) /

· y bambas-tacones-sandalias.

«Dentro de los cánones de moda me muevo un poco raro. A veces visto con vestidos, y en invierno soy de ropa ancha muy *oversize,* tipo Billie Eilish *[All the Good Girls Go to Hell].* Compro ropa de mujer o de hombre: si me gusta, me gusta. La diferencia de género y ropa no tiene sentido. Combino con lo que tengo y guay. Y tengo discusiones con mi novio, que me dice que no hace falta que me maquille, que no lo necesito. Yo lo hago porque me gusta.»

Nadie diría que, de pequeña, su ropa era «regalada» y que proviene de una casita modesta en Cerro Jiménez, en las lomas de Valparaíso (Chile), y que sus padres se dedicaban al comercio ambulante.

Uno podría pensar que la cosmética y la estética la pierden. Error. Antonia estudió auxiliar de Enfermería y ahora cursa el ciclo formativo de grado superior de Dietética en la Escola Ramón y Cajal. El día de mañana, quiere matricularse en Nutrición Humana y Dietética, en la Universitat de Barcelona.

Ella lo ve así: «Quiero dejar huella a nivel social enseñando a comer bien. Por ejemplo, los productos *lights* no son buenos y el ayuno intermitente tampoco es bueno. Hay que tener una relación sana con la comida».

Sigue las cuentas de Instagram y TikTok de @samanthaconstantini y @immartacamin, *influencers* de moda.

Se quiere hacer un tatu en el tórax, en el que tiene instalado un *port-a-cath,* una vía central para las sesiones de quimio. Sería el dibujo de una margarita, en honor a su madre, que se llama Margarita y que es limpiadora («asesora de hogar»).

«Con mi madre tengo una relación cercana, aunque depende de cómo estemos las dos. Le cuento cosas y ella me cuenta cosas. Mi padre sigue el típico modelo de padre, en plan: "Estoy ahí".»

Lo del tatu lo ha de hablar con la oncó-
loga, «por el tema del cáncer de sangre, así
que he de ir con cuidado».

Epílogo: «Siento que estamos en un
mundo muy criticón».

Puntualización 3: este reportero piensa
que está desfasado, y ella, con veintipocos
años, piensa lo mismo: «Siento que hay un
cambio significativo con la gente nacida
en el 2010. No les entiendo para nada,
nada de nada».

Parte médico de Antonia

Leucemia linfoblástica aguda. Síntomas: fatiga, anorexia (pérdida de apetito), hematomas y pérdida de peso no deseada. El tratamiento en Sant Joan de Déu finalizó en el 2011. Desde entonces, se somete a pruebas anuales y punciones lumbares.

Parte extraoficial

Escucha a Duki *(Antes de perderte)*, cantante de estilo urbano que la ha ido acompañando durante mucho tiempo. Está puesta en la parafernalia *supersaiyajin* del manga *Dragon Ball*. Le va el rapero Kaze *(El techo de mi habitación)*, aunque como ella dice: «Tengo mis momentos para cada estilo y cada canción». Cuando está melancólica se pone la música de sus padres, Víctor Jara *(El derecho de vivir en paz)*, Scorpions *(Still loving you)* y Luis Miguel *(Ahora te puedes marchar)*. Se apunta a los *escape room*. (Puntualización 4: este reportero, que creció con los Juegos Reunidos Geyper, se entera de qué narices es una *escape room).* Ríe a menudo, una risa radiofónica. Bebe café con leche de avena. Repite dos veces «a piñón». «Ahora mismo estoy metida en el mundo de tejer. Lo último que me hice fue una funda para mis auriculares, y ahora me estoy haciendo un bolso, y mis amigas me piden que les haga tops», afición al ganchillo que le inculcaron su bisabuela Luisa y su tía Virginia. «Dos vueltas a la aguja y la sacas dos veces.» Cuando está en clase hace «escucha activa», participa, pero luego estudia menos de lo que se esperaría de ella. Ha grafiteado con tiza las paredes de su cuarto, pintado de rosa chillón. Enganchada a TikTok: «Absorbe mucho de mi tiempo. Da miedo saber que el algoritmo me conoce tanto».

Lee a la escritora estadounidense Kiera Cass *(La prometida)*.

«Me regalaron un libro de filosofía: *Cómo ser un estoico,* de Massimo Pigliucci.»

AMOR

ANDREA

CORAZÓN CONTENTO

«Un corazón contento es el único capaz de encontrar placer en el bien.»

Un corazón contento no solo rebosa de alegría y felicidad, sino también de amor.

Después de tanto criticismo y de tanta crítica a tirios y troyanos *(Crítica de la razón pura, Crítica de la razón práctica, Crítica del discernimiento),* el filósofo Immanuel Kant acabó extenuado. En los últimos años de su vida, juntó sus apuntes y anilló un librito que se lee como un poema machadiano: *Pedagogía.*

El pedagogo Kant loaba los corazones sanos, que eran los corazones que latían con la fuerza del amor. Y se reafirmaba en sus juramentos: «Únicamente por la educación el hombre puede llegar a ser hombre». Algo que vale tanto para la mujer: «Únicamente por la educación la mujer puede llegar a ser mujer».

Una mujer con el corazón contento es Andrea Tirado (Viladecans, Barcelona, 2001), una Felicity Jones casera, de ojos lanceolados y tronco de Brasil, igual que esas plantas purificadoras que necesitan mucha luz natural.

Graduada en Educación Primaria por la Universitat de Barcelona, se acaba de matricular en el máster en formación de profesores de español como lengua extranjera, que la tendrá entretenida durante los próximos dos años.

Una manera de ganar tiempo: «Cuando acabe me gustaría irme al extranjero. Hice el Erasmus en Verona [Italia] y me encantó».

Andrea es quien es y ama a quien ama porque ha vivido lo que ha vivido, siendo ella misma producto de su propia lucidez: «Me considero una persona risueña y positiva, soy muy cariñosa, socializo muchísimo. Soy organizada y responsable».

También se describe como insegura («a veces, mi opinión depende mucho de lo que opinen los demás. Aún estoy trabajando la autoestima»). Y que le da miedo decepcionar y que la decepcionen. Pero si algo es seguro es que no le teme a nada, y a este reportero le viene a la cabeza el personaje de Vicky, la sufragista del capítulo de *Las aventuras del joven Indiana Jones* titulado *Love's Sweet Songs* en el que un joven Indy se queda prendado de una mujer con carácter. Como adjetivaría Kant, «disciplinada, cultivada, civilizada y moral».

Andrea quiere y quiere que la quieran. Pero es más su deseo de dar que de poseer.

Su concepto de amor lo define así: «El amor está en todo, no es ninguna cursilada: en la amistad, en la familia, a nivel personal, a nivel relaciones... O sea, se encuentra en muchas cosas del día a día. Yo me identifico como muy pasional, muy intensa. El amor es un sentimiento muy bonito que ayuda. Por ejemplo, cuando estás enfermo, si estás arropada por los tuyos, lo llevas mejor y desconectas un poco de tu realidad. El amor es tiempo de calidad. Cuando falta amor, falta empatía, ponerse en el lugar del otro, entender lo que está pasando».

Andrea ama su independencia, por eso ama la habitación que le ensancha los límites de su intimidad. A la manera de Virginia Woolf, la novelista clarividente: *«Una mujer tiene que tener dinero y una habitación para poder escribir novelas».*

«En mi habitación tengo colgadas las fotos de los viajes que he hecho: Estados Unidos, Francia, Alemania, Irlanda, República Dominicana...»

Ama a su tutora, Mónica Serrano, «elemento importante en mi historia».

Mónica falleció hace poco de cáncer de mama. Le regalaba pañuelos a Andrea para que se cubriera la cabeza; se le empezaba a caer el cabello.

«Ha sido una persona muy cercana a mí, un referente de vida que nunca se hundía ni aun en los peores momentos.»

Ama y amará su profesión, el magisterio.

«A los chavales hay que enseñarles también lo que hoy en día son temas tabúes. Por ejemplo, el duelo. Fue una época complicada cuando falleció nuestra tutora. Explicar las cosas ayuda a enten-

derlas, aunque seas niño. Yo impulsaría
la especialización de los maestros, para
reforzar las aulas y estar encima de aque-
llos alumnos que requieran necesidades
educativas especiales. Potenciaría el efecto
Pigmalión: los jóvenes se proyectan en
función de las expectativas que tú pongas
en ellos. Tú influyes mucho como educa-
dor.»

Ama su trabajo como profesora en la
academia de inglés STP Training.
«Me gusta mucho, no te lo voy a negar.»

Ama a quienes le corresponden, y a
quienes se apartaron, no les guarda rencor.
«Salgo con el grupo de chicas de la
universidad y me sigo viendo con los compañeros del colegio, un pilar esencial.»

Ama a las parejas que tuvo.
«No eran nada oficial, ¿eh? Mi genera-
ción tiene un poco de miedo al compro-
miso.»

Ama a sus dos hermanos menores.
«Me llevo muy bien con ellos.»

Ama a su padre, Paco, técnico sanitario.

«Representa la figura de un muy buen padre.»

Ama a su madre, Inma, directora de la guardería Petonets.

«Ella es superfuerte, es mi superheroína, la admiro muchísimo. Gracias a mi madre, no hay problemas en casa, es muy mediadora.»

Ama sus sueños.

«Me gustaría contraer matrimonio y que sea respetada. Y tener un mínimo de dos hijos..., tres.»

Cita del Premio Nobel Gabriel García Márquez: «No es verdad que la gente deje de perseguir sus sueños porque sean mayores, se hacen mayores porque dejan de perseguir sus sueños».

Un oncólogo del equipo médico le aseguró: «No podrás acabar el curso académico».

Andrea se revolvió.

Sí acabó sexto, con nota.

Le ayudó el profesorado: «Fui una precursora del trabajo telemático y de las videoconferencias. Mediante Skype me conectaba con el aula y así me veían en el proyector, de esta forma podía seguir sin perder el ritmo».

Cerramos el libro *Pedagogía,* de Kant.
Abrimos el libro *Ética a Nicómaco,* de Aristóteles.
Página 287: «La vida feliz tiene lugar en el esfuerzo, no en la diversión».

Supongamos que Nicómaco es Andrea y que Aristóteles es la madre, Inma.
La madre anima a la hija:
«Tú puedes con todo. Te vas a curar».

Por eso, Andrea, la del corazón contento, tiene una vida feliz.

Parte médico de Andrea

Linfoma de Hodgkin, «cáncer que comienza en las células llamadas linfocitos» (American Cancer Society) y del que se dio cuenta en unas colonias con los amigos de clase del Colegio Santo Tomás, mientras cursaba sexto de primaria, en el 2013. Andrea tenía once añitos. «Linfoma en estadio cuatro, casi metástasis», dice, y añade, con una entereza que asusta: «Yo nunca fui consciente de verdad de que tenía cáncer hasta que se me empezó a caer el pelo, entonces me di cuenta. A mi madre le susurré: "Me estoy quedando calvita como los nenes de la tele", por los niños desvalidos que aparecían en las noticias». Recibió quimioterapia durante medio año, quince días en el hospital de día y quince días de descanso, y así sucesivamente. Cuando se restableció, sus compis le regalaron una versión de la canción *I knew you were trouble*, de Taylor Swift.

Cada año, Andrea Tirado se hace un chequeo.

Parte extraoficial

Los *jab,* los *cross* y los ganchos los lanza con una fuerza descomunal que le sale de dentro, del refugio del alma que nadie podrá dañar jamás. Andrea practica *body combat* para liberar endorfinas. Complementan el boxeo estas tres otras actividades: baile urbano, *spinning* y tenis. Cada argumentación –cada imantación– comienza con un *vale* ya usado por Cervantes: «Vale, pues…». Ha formado parte de campamentos de la Fundación Aladina *(«Regalos solidarios»)* y estudia hacer un voluntariado en el hospital maternoinfantil de Sant Joan de Déu. No conoce el odio porque ella es miel, pero si llegara a odiar sería a causa de la mentira, que no soporta. Con sus palabras: «Espero reciprocidad, apoyo, confianza. Detesto la desconfianza, los reproches, las mentiras».

DEPORTE

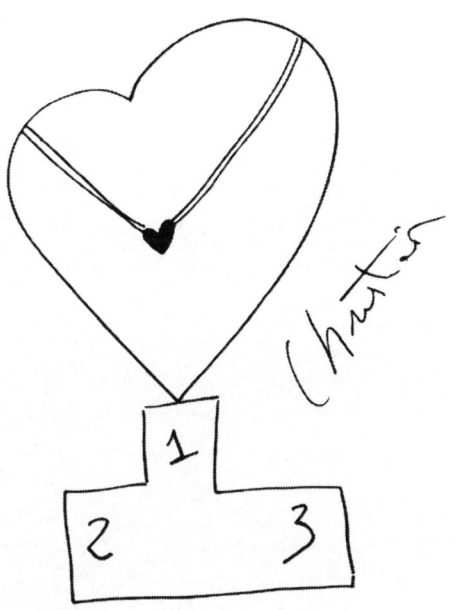

CHRISTIAN

EL HOMBRE TRANQUILO

«Paddy Bawn Enright era un muchacho despreocupado de 17 años cuando se marchó a Estados Unidos. Y 15 años después regresó a su condado natal de Kerry, serenada la despreocupación y consumida la juventud. Si había hecho fortuna o no, eso nadie lo sabía. Porque era un hombre tranquilo al que no le gustaba hablar de sí mismo y de las cosas que había hecho.»

El hombre tranquilo (The quiet man) lo publicó el novelista irlandés Maurice Walsh en 1933. *El hombre tranquilo* saltó a la pantalla grande en 1952, bajo la dirección de John Ford, hijo de irlandeses. En este caso, el hombre tranquilo lo encarnó

John Wayne, que dio vida al boxeador Sean *Trooper Thorn* Thornton.

Así que *El hombre tranquilo* ha acabado remitiendo a un libro costumbrista y a una comedia en technicolor.

En este caso, el hombre tranquilo no se llama Paddy Bawn Enright-Sean Thornton, sino Christian Daniel Conte (Maracaibo, Venezuela, 2006).

Christian se sienta, estira los brazos –que por un momento no sabe cómo ponerlos sobre la mesa–, se pide una cocacola, se bebe la mitad de la cocacola, habla lo justo hasta que se relaja y entonces ya no tiene prisa, porque antes tampoco tenía prisa.

El hombre tranquilo que se llama Christian tiene la cabeza rapada como un iwia retirado, las fuerzas de élite ecuatorianas; bandea una media sonrisa que le sirve de férula dental y no esquiva la mirada, algo que particularmente les es dado a los hombres tranquilos. Por algo Christian es uno de ellos.

Dice: «Tú pregunta, que yo no me ando por las ramas, te contesto sin problemas».

Así, con naturalidad, sin medias tintas, al meollo.

Hace deporte, siempre ha hecho deporte; desde que tiene uso de razón ha estado en tratamiento (cáncer) y ejercitando los músculos (*fitness*).

«Allá en Venezuela teníamos tierras. Mi padre, Luis Daniel, ya fallecido, era ganadero. Y yo montaba a caballo, una yegua negra de paso fino llamada *Caraota*», repasa su trayectoria, y echa de menos el verde chayote de su país de nacimiento. Por algo el verde brillante –triarilmetano o linóleo– es su color favorito: «Me da energía».

En el 2017 la familia llegó a España de la mano de la Fundación Simón Bolívar (*«Comprometida a ayudar a sus beneficiarios»*). Ocurre que la fundación quebró. Él cambia el verbo y lo expresa de otra forma: «Nos abandonaron».

Atendidos por el equipo oncológico del hospital de Sant Joan de Déu (*«Quince años cuidando vuestra salud»*), hasta hace poco recibía la ayuda de la Fundació Maria Raventós (*«Setenta años creando oportunidades»*).

Por eso a la pregunta existencial de «¿qué es la vida?» responderá lo básico del manual de ayuda para saber qué es la vida: «Una oportunidad».

Desde que ha llegado a Barcelona ha cambiado de casa en una ocasión y de escuela cinco veces. «Me gustaría asentarme, porque no he podido hacer amigos.»

Por eso a la pregunta existencial de «¿qué es la felicidad?» responderá el punto uno del tratado dictado por los *happy flowers:* «Estar tranquilo», con lo que quiere decir: «No moverme de un sitio. Llegar a un lugar y quedarme». El hombre tranquilo quiere estar tranquilo.

Ahora estudia primero del grado medio de cocina-gastronomía-pastelería de la Universitat de Barcelona. Repite curso porque el año pasado, por las sesiones de quimio, perdió muchas clases.

«Estos días nos enseñan a cocinar aves, cómo hacer una perdiz y un pavo.»

Por eso a la pregunta existencial de qué querría ser o a qué querría dedicarse o cuál sería su sueño o cuál su oportunidad –puesto que la vida se basa en eso, en subirse al tren en marcha de las oportunidades–, responderá con un poema romántico: «Me gustaría abrir mi propio restaurante en una masía a las afueras de la ciudad. Sería una barbacoa para servir pollos a la manera del chef Martín

Berasategui [************, doce estrellas Michelin]. Mi madre me dice que le echo mucha sal a las comidas. El local se llamaría Monte Catino, como la finca de mi padre».

Quedamos en que mientras no deshuesa un pollo o separa la pechuga del muslo, Christian, el hombre tranquilo, hace deporte.

«Hago pesas. Diez kilos en bíceps y hasta 25 kilos en hombros.»

También nada.

Y juega al fútbol como defensa. Aficionado del Real Madrid. Emula al centrocampista Toni Kroos, que este reportero confunde con el actor T. J. Cross.

En su nuevo hogar, en el barrio de Sant Roc de Badalona, buscará uno de esos *multigym* duet sports.

O eso o quedarse solo ante la consola, en modo *Call of duty,* matando zombis nazis.

El hombre tranquilo no es tranquilo por casualidad, sino por habitualidad o reincidencia.

Wasaps del cocinero deportista Christian Daniel Conte a las 19.30 h:

«Se me olvidó un pequeño detalle por si te interesa».

Parte médico de Christian

Astrocitoma pilocítico en el bulbo raquídeo. «Arriba de la nuca tengo una bolita», traduce con sus palabras. Realmente así es. En el 2008 y en el 2015 le aplicaron radiocirugía en un hospital de Miami (Estados Unidos). Desde el 2017 le han hecho cinco operaciones más, cada una ha durado un mínimo de ocho horas –«me abren por aquí y por aquí», y se toca la cabezota–; y dos de estas intervenciones han sido para cambiarle la válvula que le drena el líquido que crea el tumor. Consecuencias: vómitos, inestabilidad y temblor en los ojos, algo que no sabe describir, pero que es como si los ojos se desacompasaran. La enfermedad se la detectaron cuando tenía dos años y medio. El tratamiento se retomó en el 2013: «Me hacían un ciclo de cinco días: el domingo me hospitalizaban, y el lunes, el primer día, dos sesiones de quimio intravenosa seguidas, cuatro o cinco o seis horas; el segundo día, dos sesiones; el tercero, tres; el cuarto día, descansaba, y el viernes, una». Ahora está en pausa. Lo dice tal cual: «Ahora estoy en pausa».

PARTE EXTRAOFICIAL

Si Christian fuese un programa de televisión, sería el espacio de investigación *Panorama*, que condujo el periodista Mark Thompson con mucho olfato. Interesante. Heterogéneo. Profundo. Nació con cáncer y se ha acostumbrado tanto a él, que ya forma parte de su vestimenta. Lo ve, pero no le importa. Lo ha superado porque se ha superado; lo que queda son rescoldos. «Tanta quimio ya no me hace nada. Me ponían la quimio y luego me iba a jugar al fútbol. A mí me da igual, ya llevo toda la vida con esto», afirma sin ironía. Si Christian fuese lluvia, sería la garúa amerindia, en un frente cálido inapreciable que se extendería como un gráfico de isobaras por el resto de miembros de su familia, las personas con las que convive y a las que quiere. Por efecto de ese frente cálido, a su madre, María Cristina, le regalaría un viaje a Suecia, porque le seducen las auroras boreales; y a su hermano, Estéfano, le regalaría un ordenador Apple, porque le va la ingeniería.

SERIES

TSVETY

ROSA ROSAE

Daenerys Targaryen (Emilia Clarke) jamás habría comprado o vendido acciones en Wall Street. Pasa de los brókers, no viste de Armani, no se cubre con pieles de armiño, no se ha abierto una cuenta en Wells Fargo & Co ni se hace *liftings* ni se hace la manicura *baby boomer* ni se depila con hilo.

Aun así, Daenerys Targaryen, de una dinastía con pedigrí en la saga de *Juego de tronos,* simboliza el misterioso duelo del ánima-animus en cualquier ser humano. Vamos, que encarna el ideal de belleza femenina como en su día lo hizo la actriz Mae West, las dos de rubio cobrizo.

«¿Por qué no? Sí, yo soy un poco Daenerys, me gusta esta chica», se desabrocha la chupa Tsvetelina Tsonkova (Ruse, Bulgaria, 1999), a quienes todos llaman por el diminutivo, Tsvety, y a quien todos llaman Flor, traducción literal de su nombre al español.

Flor no sabe lo que son los bonos convertibles contingentes, ni falta que le hace; no viste de Gucci ni conduce un Tesla ni se ha incrustado un diamante en la frente, ni se conforma ni se disgusta ni se cruza de brazos.

Ella es mucho más sencilla.

Aun así, se complica la vida. Dice: «Siempre es más complejo en mi caso».

Y dice: «Tengo que trabajar mis problemas», por aquello de cuidar la salud mental, que antes de que hablara de ella el político de Más País Íñigo Errejón, ya estaba en la agenda de los antiguos griegos: *Mens sana in corpore...*

En realidad, Flor será lo contrario de lo que dice ser, porque se quita mérito, se subestima y se infravalora.

«Hablo seis idiomas: catalán, castellano, francés, inglés, italiano y búlgaro, y tengo nociones de rumano. No sé, me da la sensación de que no es suficiente», opina.

Sí es suficiente.

«Me gusta ver series, mi momento es la noche. Pero hago muchas otras cosas con mi vida, y no me da la vida.»

En esas otras cosas se incluye ir al gimnasio, donde «hace máquinas», eso que los fabricantes de material deportivo explicitan así: *La mejor experiencia para entrenar tus músculos del tren inferior*.

«Me desahogo, expulso la rabia, rabia por la sociedad, por lo que ocurre en el mundo. Iría a boxeo, pero no me da la vida», se desfoga. Bebe Aquarius.

Afirmaba que las series la confortan: «Últimamente me ha dado por los documentales. Por ejemplo, estoy viendo *Las cintas de Rosa Peral*. Esta mujer [agente de la Guardia Urbana que mató a su pareja] es mala».

Si Flor no hubiera decidido estudiar Traducción e Interpretación, se habría matriculado en Psicología. En plan mentalista, combinaría el fetichismo de Sigmund Freud con la música inspiradora del escritor Paulo Coelho.

«Me interesa cómo abordan los problemas sociales.»

Vuelve a lo de los problemas porque se ha convencido de que los embolados que a todos nos afectan en ella se multiplican, y lo que este reportero constata es que está dotada del don de los desproblemizadores, personas o entes que poseen la capacidad de aliviar a otras personas o entes mediante la actitud. En *El estilo del periodista,* Álex Grijelmo cuenta que la sonrisa rebaja la tensión. Así que Flor ilumina con una sonrisa plástica, elástica, fermentadora, imposible de geolocalizar porque se desparrama por el paseo de Sant Antoni y adquiere peso, hasta el punto de que ya forma parte del mobiliario urbano.

Tsvety llegó a Barcelona en el 2003. Volvió a Bulgaria en el 2007. Volvió a Barcelona en el 2011, donde se instaló de manera definitiva en el 2018.

Trabaja en el área de Leak Detection de la empresa de ingeniería y arquitectura Idom, aunque le encantaría entrar como traductora en alguna de las dependencias de la Unión Europea.

Ahora mismo, los problemas, esas masas gelatinosas, se le han esfumado.

Daenerys Targaryen-Emilia Clarke-Tsvetelina Tsonkova-Tsvety-Flor está entretenida con la serie *Sex Education.*

Parte médico de Flor

Sarcoma sinovial, que el National Cancer Institute define como «sinovioma maligno». Se le formó en la pierna derecha. «Fue un sarcoma encapsulado, no hubo metástasis, tuve mucha suerte», explica. En abril del 2011 la operaron. El tratamiento lo inició en los hospitales de Sant Joan de Déu (quimio) y Vall d'Hebron (radio). «Cada año teníamos que viajar a Barcelona desde Bulgaria. Mi padre es carpintero y mi madre, sanitaria, por lo que durante meses ahorraban. Su misión: juntar el dinero suficiente para poder cubrir los gastos. Tras la quimio y la radio yo me quedaba con cero defensas. Esos meses los he bloqueado en la mente, apenas me acuerdo de ellos.»

Seguidora del Barça y del FC Dunav Ruse. Despedaza cualquier mal con una boquita que la capacita y la avienta. En el pecho, junto al corazón, se ha tatuado el lazo rosa que simboliza la lucha contra el cáncer de mama; en la pierna de marras se ha tatuado un ave fénix, que renace de sus cenizas; en el antebrazo derecho se ha tatuado tres estrellas: una por su tío Ivan y las otras dos por su amigo Fabri, de AFANOC, y por *Vicky*, su perra; los dos fallecieron. Y en la espalda se ha tatuado una rosa, en homenaje a su padre, Tsonko, y a su abuelo, Hristo: «Mi abuelo me contó que cuando yo era pequeña me contemplaba en la cuna porque me parecía a una rosa blanca. Es la historia más bonita que jamás me han contado». Por eso ya ha sumado un miembro más a su familia directa: «Mi tatuador».

TECNOLOGÍA

NATA

BIENVENIDA

Se me ocurre que vas a llegar distinta
no exactamente más linda
ni más fuerte
    ni más dócil
        ni más cauta
tan solo que vas a llegar distinta.

Así comienza el poema «Bienvenida», del trovador errante Mario Benedetti, que lo incluye en el libro *El amor, las mujeres y la vida*.

A Mario Benedetti se le atribuye también un poema que no es suyo, pero como si lo fuera.

Se titula «La gente que me gusta»: «Me gusta la gente que vibra, que no hay que empujarla, que no hay que decirle que haga las cosas, sino que sabe lo que hay que hacer y que lo hace».

Hasta hoy, hasta este preciso momento, hasta este preciso «instante decisivo» como diría el pintor de imágenes Cartier-Bresson, nunca ha leído poesía la futura maestra en educación infantil Natalia *Nata* Amor (Barcelona, 2004).

Eso va a cambiar.

Cosas que le gustan y que le disgustan a Natalia.

A Natalia le gusta la intensidad del amor, un sentimiento poderoso que mueve montañas, con sus parques eólicos y sus rocas graníticas. El *top 10* de sus frases: «Me parte el alma», «Soy muy empática», «Soy muy sentimental», «Qué mono», «Me encanta que me abracen», «Llorar a mares», «Me jodió», «Espabilarme un poco, tengo la autoestima como una m*****», «Soy del trato con la gente» y «Quiero que me hagan reír».

A Natalia no le gusta la hipocresía, que define como la manera de hacer ver lo que no eres. «La detesto, la odio, no la soporto», se reafirma.

Le gusta cantar, y en su Spotify circula esta lista: Olivia Rodrigo *(Vampire),*

Taylor Swift *(Our song)*, Ariana Grande *(Sweetener)*, Niall Horan *(Take me home)* y Harry Styles *(Harry Styles)*.

No le gusta la vejez. Socorro: «~~A partir de los treinta años ya no se es joven~~», algo que este reportero tacha. :)

Le gustan los niños. Querrá cursar la carrera de Magisterio, para lo cual ya se está preparando. Terminó el grado medio «Tècnic en atenció a persones en situació de dependència» y no tardará en empezar el grado medio en Educación Infantil. «Hice prácticas en la escuela Can Sorts, en Setmenat [Barcelona], con peques de tres años, algunos con autismo. Guardo los dibujos que me hicieron, con este pie: "Et portarem sempre al cor".»

Ahora busca trabajo de canguro. Papis, anotad.

No le gustan las relaciones tóxicas y, por lo tanto, mejor dejarlas que se pudran solas. «He tenido malas experiencias con las amistades, excepto con AFANOC.» Desde aquí, saluda a Claudia, Carmen, Gerard (Geri) y Álex.

Le gusta el color mostaza. Para encontrarla, en el centro comercial Westfield Glòries, en Barcelona, entre gente que da aletazos por las prisas: «Llevo una bufanda amarilla».

No le gustan las matemáticas.

Le gusta la Navidad, época del año que clasifica con tres «me encanta»: «Me encanta me encanta me encanta». En la carta a los Reyes Magos podría poner: *pack* para *skin care* (o sea, potingues para la cara) y un viaje a Nueva York o a Irlanda o a las islas griegas. Lo que viene a continuación anda relacionado: le gusta cualquier personaje de Disney («soy fan»), incluida cualquier princesa de Disney (Rapunzel), incluida cualquier película de Disney *(La bella durmiente, Aladdin, Ratatouille)*.

Gracias a la asociación Make-A-Wish Spain *(«Fundación de ayuda al niño enfermo»)*, pudo visitar Disneyland París, en el 2012 (cuatro me encanta: «Me encanta me encanta me encanta me encanta»).

No le gusta que la manipulen, y esto va por los chicos guays, los capullos de toda la vida que hoy reciben este nombre: *fuckboys.*

Le gusta leer: de los libros de la *influencer* La Vecina Rubia a la saga *El corredor del laberinto,* de James Dashner.

Este reportero tiene una vecina rubia.

No le gusta la fama: «Que se metan en tu vida debe de ser horroroso».

Le gusta cocinar, pero no iría al programa *Masterchef* (TVE), excepto si se lo pide el presentador Jordi Cruz. «Solo sé hacer lentejas, les echo mucho ajo.»

No le gusta que la sociedad se crispe y que no aprecie lo verdaderamente importante: «Sentarse en un banco y comer pipas es importante».

Le gusta la mitología griega: «A Hades, pobrecito mío, siendo hermano de Zeus y Poseidón, lo mandan al infierno».

No le gusta la desmemoria.

Le gusta la familia: sus abuelos Francisco y Lucía; sus padres, Emma y Miguel, y su hermana, Ainhoa. Su perrito se llama *Jacky*.

El final del poema apócrifo «La gente que me gusta»: «Con gente como esa, me comprometo para lo que sea por el resto de mi vida, ya que por tenerla junto a mí, me doy por bien retribuido».

El final del poema de Mario Benedetti, «Bienvenida»: «Sé que voy a quererte sin preguntas. Sé que vas quererme sin respuestas».

Parte médico de Natalia

Leucemia linfoblástica aguda. «Yo era muy chiquitita, tendría cinco años, y me quedé blanca como el papel.» Trasladada al hospital de la Vall d'Hebron, fue tratada durante meses. El 18 de marzo del 2010 la operaron: trasplante de sangre del cordón umbilical. Revisiones con el endocrino, el oncólogo, el neumólogo y la ginecóloga. Desde entonces se tiene que tomar pastillas Progyluton y Eutirox, para fortalecer el calcio y el magnesio. «Como te decía yo era muy chiquitita y de alguna forma lo que me ha pasado me ha hecho distinta. No sé, más fuerte y madura.»

Parte extraoficial

Natalia no quiere ser una estrella como lo son las chicas de la banda Sweet California. No quiere porque no le da la gana. Canta mejor que ellas («me he de controlar la voz»). Como cualquier otra joven de su edad, el teléfono móvil se ha convertido en un órgano suplementario. Ni el hígado ni el riñón: el aifon X6. Sus aplicaciones, que son una extensión de su personalidad: TikTok (vídeos), Instagram (fotos), Pinterest (aficiones), BeReal (dos minutos para subir una foto instantánea, un Nescafé de píxels), Wattpad (lecturas) y I am (frases positivas: «Soy yo misma y vivo en la abundancia absoluta»). «No podría vivir sin el móvil.» Como fondo de pantalla, el perfil del actor Dylan O'Brian *(The internship).*

«Me encanta.»

ARTE

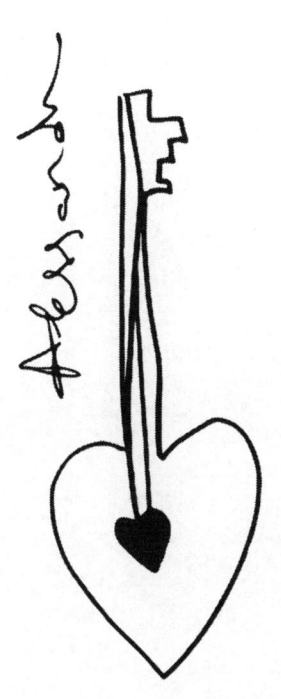

ALESSANDRO

EL GRAN MICHELANGELO, el autor de los frescos de la Capilla Sixtina, falleció en 1564, con 88 años.

El día anterior, o los días anteriores, había cogido el cincel para seguir modelando la que se convertiría en su última escultura, la *Piedad Rondanini,* que se puede contemplar en el museo del Castillo Sforzesco, en Milán.

Miguel Ángel Buonarroti, el gran artista del Renacimiento, vivió tantos años porque ejercía un oficio que le apasionaba, en las horas que quería –con luz o en tinieblas– y en el lugar que prefiriese –Florencia o Caprese.

Trasladado al siglo XXI: el puto amo.

141

El joven Alessandro Carlino (Barcelona, 2006) no sabe aún qué hará con su vida. Sin embargo, intuye que las humanidades tendrán mucho que ver con el camino por el que opte; las artes le rondan, el visitante que llama a la puerta en el poema «El cuervo», de Edgar Allan Poe.

Miguel Ángel y Alessandro Carlino guardan similitudes en eso, en la concepción del mundo, de lo que es bello.

El mediano de tres hermanos, Alessandro estudia segundo de Bachibac –doble titulación, el bachillerato español y el Diplôme du Baccalauréat francés–. Toca el saxo, con dos años de conservatorio.

«En Historia del Arte hemos dado Grecia y Roma, y nos hemos metido en el Renacimiento. Me está gustando mucho, tengo un buen profesor, Jesús F.-Vila, que tiene carisma, explica las cosas rápido y claro y las clases son variadas», dice, con el pendiente de aro de acero tiritando, y con las manos calentándose en el vaso. Resopla, intenta recordar algo. Se rinde: «Bueno, no me acuerdo».

ReporteroJesús.—¿Obra de arte que te llame la atención?

Alessandro Carlino.—El Panteón de Agripa. Me parece muy bonito, muy estructural.

RJ.—¿Cuadro que te guste?

A. C.—Sí, estoy pensando en… *Saturno devorando a su hijo,* de Goya. Impactante.

RJ.—Podrías ser filósofo…

A. C.—Me parece interesante la filosofía, querría leer algo de Kafka.

RJ.—Inquietante.

A. C.—Sí, interesante.

RJ.—¿Con qué filósofo te quedas?

A. C.—Platón. Muy extravagante, curioso.

RJ.—¿Tu color favorito?

A. C.—El amarillo, el color de la Wii.

RJ.—¿Qué es la maldad?

A. C.—No es necesariamente no ser bueno. Yo lo definiría como buscar el dolor en las personas, en nuestro ecosistema social.

RJ.—¿Qué es la bondad?

A. C.—Aportar algo positivo.

RJ.—¿Qué es la belleza?

A. C.—Las cosas perfectas por así decirlo, las cosas ordenadas.

RJ.—¿Qué es el amor?

A. C.—Una conexión, una relación entre sujetos que se ayudan.

RJ.—¿Qué es la ausencia de amor?

A. C.—Falta de respeto.

RJ.—¿Cómo es la sociedad?

A. C.—Hay novedades y avances, adelantos, eso está bien. Lo que no me gusta son según qué actitudes y según qué pensamientos.

RJ.—¿Qué es la tolerancia?

A. C.—La paciencia.

RJ.—¿Escuchar al otro?

A. C.—No solo entender las palabras, los conceptos, sino que alguien se sienta compartido.

RJ.—¿Crees en la evolución?

A. C.—Confío en ello.

RJ.—¿Si fueras presidente del Gobierno, en qué te centrarías?

A. C.—En la economía, mejoraría los sueldos y las pensiones.

RJ.—¿Sueles ir a exposiciones o centros de arte?

A.C.—No, soy bastante normal en este sentido.

RJ.—¿Qué es el alma?

A. C.—Lo que define quién eres.

Transita sin mirar al suelo. Dice: «...el transcurso de los años en los que disfrutas, aunque a veces hay vida que no se vive».

RJ.—¿Cómo acabar con las guerras?
A. C.—Entendiendo.
RJ.—¿Qué es el arte?
A. C.—El placer que entra por los sentidos.

Parte médico de Alessandro

Leucemia de tipo Burkitt, «diagnóstico raro».

Según el Nicklaus Children's Hospital: «El linfoma de Burkitt se inicia en los linfocitos B (células inmunitarias que normalmente secretan anticuerpos), llamados así porque maduran en la médula ósea y en muchos huesos». El otro día vio las fotos de cuando era pequeño: «Tenía el ojo inflado y se salía de la órbita». El historial se agravó con dos trombosis, una en la vena cava superior. Le vienen flashes: «Solo sé que, en los diez meses en los que estuve hospitalizado en el Vall d'Hebron, me visitaron el jugador del Barça Gerard Piqué y el entrenador Pep Guardiola. Era el año de las seis copas [2009]».

En junio del 2023 le han dado de alta de todo, «no hay signos de nada».

Ingenioso y divertido. Deportista: gimnasio y fútbol. Le bullen ideas vagas. Quizá no se encamine hacia la pintura o la escultura o hacia la filosofía, quizá se convierta en profesor de Estadística Aplicada o en divulgador científico, como las *neurones fregides* que han publicado *Per què els elefants no tenen càncer?* Prototipo del joven que ha dejado atrás la edad del pavo. «Me abstengo de la religión.» El año que viene podrá votar y se planteará qué votar y para qué votar. «Tengo que mirarlo bien.» Piensa tanto, que se toma su tiempo. Otros opinarán que va pisando huevos –a este reportero su hermana le llama «lentorro»–. Tant se val. No es que se tarde, es que se practica la psicología analítica, en palabras de Carl Jung. O sea, cavilar. Alessandro dice: «Me cuesta concentrarme, sumergirme en algo, no sé. A veces me quedo empanado. Le echo la culpa al teléfono». Por eso escucha a Michael Jackson *(Dangerous)* y Stay Homas *(Desconfination)*. Y al cantante Quevedo, que a su manera también es conceptista: «Quédate, que las noches sin ti duelen». A juicio de ReporteroJesús, el Quevedo verdadero mola más: *«Es hielo abrasador, es fuego helado, / es herida que duele y no se siente».*

SOBRE TODO...

A VECES COMETEMOS el error de entender el cáncer como una simple enfermedad. A nivel biológico es un proceso que aglomera e implica prácticamente todos los mecanismos de la vida, en una suerte de desequilibrio que lleva nuestras células a ignorar la muerte. No sin razón es una realidad íntimamente ligada a la evolución y al envejecimiento, una sombra que acecha a los seres vivos, más allá de los humanos, desde los entresijos de la niebla del tiempo. Y así el cáncer –su transformación, adaptación, progreso, experiencia…– es una entidad ligada a la vida. Pero es un fenómeno que va más allá de los límites clínicos y biológicos, como un algo *epimaterial* si lo queremos, que cala en el entramado social y psicológico de nuestra existencia. Enraizado en el azar, pero también enmascarado en el mundo al que nos exponemos y sus dinámicas, se expande en un presente cada vez menos asustado.

De todos los males que cargamos hoy, el cáncer nos increpa con crudeza con dos atributos inherentemente humanos: la sed de conocimiento y la cura de los demás.

El cáncer lo vivimos como sociedad y como individuos; lo tenemos que vivir, directa o indirectamente, conscientes o no de ello. Nos toca sin reparo, sin decoro, con frío y con astucia. Y como respuesta tenemos que mirarnos a los ojos para reconocer en el otro la esperanza, aquello que a menudo queda olvidado en el averno oscuro y profundo del baúl de nuestros miedos.

El cáncer recula, no nos arrebata aquello que es nuestro: el sentido, el progreso, la confianza, y también el vacío, el temor, el dolor.

Sobre todo, el amor.

Víctor Jiménez Martínez
Investigador predoctoral,
bioquímico y divulgador

ÍNDICE

ESTA
PRIMERA EDI-
CIÓN DE *LoveU*, DE
JESÚS MARTÍNEZ/REPOR-
TEROJESÚS, HA SIDO IMPRE-
SA CON PAPEL AHUESADO, DE
80 GRAMOS. SE HA UTILIZADO LA
TIPOGRAFÍA GARAMOND PRO. Y
SE TERMINÓ DE IMPRIMIR EN LA
IMPRENTA REPROGRÁFICAS MAL-
PE, EN GETAFE (MADRID), EN
EL MES DE FEBRERO DEL AÑO
2024.

♣